INSTRUCTIONS

SUR LES

OBSERVATIONS

ET LES

COLLECTIONS BOTANIQUES

A FAIRE DANS LES VOYAGES

PAR

E. COSSON

Ancien Président de la Société botanique de France.

Extrait du *Bulletin de la Société botanique de France.*

(Séances de juin et juillet 1871)

PARIS

IMPRIMERIE DE E. MARTINET

RUE MIGNON, 2

1872

INSTRUCTIONS

SUR LES

OBSERVATIONS

ET LES

COLLECTIONS BOTANIQUES

A FAIRE DANS LES VOYAGES

PAR

E. COSSON

Ancien Président de la Société botanique de France.

Extrait du *Bulletin de la Société botanique de France.*

(Séances de juin et juillet 1871)

PARIS

IMPRIMERIE DE E. MARTINET

RUE MIGNON, 2

1872

INSTRUCTIONS

SUR LES

OBSERVATIONS ET LES COLLECTIONS BOTANIQUES

A FAIRE DANS LES VOYAGES

Le développement actuel des relations commerciales entre les peuples, la facilité et la rapidité des communications rendent de jour en jour les voyages plus fréquents, et permettent en quelques semaines d'atteindre les pays les plus éloignés et de parcourir des contrées qui, jusqu'à ces derniers temps, étaient fermées aux investigations scientifiques. Parmi les voyageurs, il en est un grand nombre qui, sans faire de la botanique le but spécial de leurs recherches, n'en ont pas moins le désir de faire profiter cette science de leurs découvertes et formeraient des collections botaniques s'ils savaient pouvoir en réunir les éléments sans trop se détourner du but principal de leurs voyages et le faire facilement et utilement. C'est à eux que s'adressent surtout ces instructions, restreintes aux notions les plus pratiques concernant l'exploration botanique d'une contrée, les instruments d'observation, de récolte et de préparation, le choix et la récolte des échantillons d'herbier, la récolte des racines, des bulbes, des fruits, des graines et des bois, les notes à prendre sur les plantes récoltées et leur étiquetage, la préparation des échantillons, les moyens d'assurer la conservation temporaire des collections, ainsi que les procédés les plus avantageux pour leur emballage et leur expédition.

I. — Exploration botanique d'une contrée.

La végétation d'une vaste contrée ou d'une circonscription même peu étendue offre toujours des caractères particuliers plus ou moins nettement tranchés; ces caractères sont nombreux et d'importance diverse. Il n'y a lieu d'insister ici que sur ceux qui doivent surtout appeler l'attention du voyageur, en négligeant ceux qui résultent de l'étude approfondie de la flore et qui demandent des travaux de détermination et de statistique impossibles à réaliser en voyage. Pour ces dernières recherches, le calme du cabinet et l'étude des grands herbiers et des ouvrages sont indispensables.

Dans l'état actuel des connaissances sur la végétation de la plupart des contrées du globe, il y a plus d'intérêt à explorer avec soin une contrée d'une médiocre étendue, surtout si elle offre des milieux variés, tels que littoral, prairies, marais, montagnes, forêts, steppes, terrains cultivés, etc., qu'à parcourir de grands espaces et à y glaner pour ainsi dire les espèces les plus remarquables. Il n'y a guère d'exception à ce précepte général que pour les steppes et les déserts dont la végétation est trop uniforme pour offrir à l'observateur de nouvelles espèces, si ce n'est à de grandes distances (1).

A part l'Europe et une grande partie de l'Amérique du Nord, il est peu de pays dont la flore soit assez connue pour qu'il n'y ait pas un véritable intérêt scientifique à ce que le voyageur y recueille toutes les plantes, même les moins remarquables et les plus répandues. Parmi les contrées lointaines, celles dont l'exploration botanique est la plus imparfaite sont celles qui occupent l'intérieur des continents et surtout celles que l'on ne peut atteindre qu'en traversant de vastes étendues de désert.

Avant d'explorer une contrée, il est indispensable d'étudier préalablement sa géographie et son orographie, et de prendre un aperçu de sa végétation par l'examen des herbiers publics ou particuliers dans lesquels sa flore est le plus largement représentée ; de se procurer les ouvrages botaniques publiés sur le pays, ou au moins d'en extraire des notes sur les plantes les plus caractéristiques, en reproduisant par des calques les planches ou les parties de planches suffisantes pour faire reconnaître sur le terrain les espèces les plus remarquables.

Le voyageur, alors même qu'il est versé dans les études botaniques, ne doit emporter avec lui que quelques volumes bien choisis concernant la flore du pays qu'il doit parcourir; car s'il recueille des échantillons complets, s'il prend sur la plante vivante des croquis et des notes pour les caractères les plus fugaces, s'il prépare avec soin des fleurs ou des parties de fleurs, des sommités florifères ou fructifères, s'il conserve dans l'alcool les fleurs et les autres parties que la dessiccation peut altérer, etc., il sera bien mieux à même, après son retour, d'arriver à des déterminations précises que par l'étude, trop souvent imparfaite, qu'il ferait dans le cours de ses explorations. Si la végétation d'un pays a été l'objet d'une flore locale, ou au moins d'un catalogue, il devra se borner à ces livres, qui seront pour lui des guides précieux pour peu que les notions génériques lui soient familières ; car le nombre seul des espèces de chaque genre qu'il aura recueillies lui montrera si ses récoltes comprennent la plus grande partie des espèces citées. Pour les contrées peu connues au point de vue botanique, ou qui n'ont pas été l'objet de publications spéciales et sur lesquelles les documents se trouvent dispersés dans les traités

(1) Dans les déserts et les dunes du Sahara, chaque degré de latitude n'ajoutera souvent qu'une espèce ou deux au nombre des espèces observées.

généraux, dans de nombreuses publications ou consignés dans des ouvrages que leur volume ne permet pas de transporter facilement, le voyageur doit se borner à un *Genera* qui lui permette d'arriver au moins à la connaissance des genres les plus largement représentés; sans cette notion générique, ses recherches perdraient pour lui beaucoup de leur intérêt et seraient nécessairement moins complètes en raison des confusions auxquelles il serait exposé.

Il est utile, sinon indispensable, d'arriver dans le pays à une saison pendant laquelle la flore n'est encore représentée que par un petit nombre d'espèces; on sera ainsi à même de suivre la végétation dans ses développements successifs, tout en faisant une reconnaissance rapide des lieux, et de prendre pour centre de ses recherches les parties qui offrent les milieux les plus variés et sont par cela même les plus riches au point de vue botanique. Dans l'exploration du pays, il faut visiter successivement ses diverses parties en se guidant sur le degré de développement de la végétation; on doit commencer par celles dont la végétation est la plus précoce, et y revenir, si c'est possible, à une saison plus avancée, pour y recueillir les espèces à floraison tardive et des échantillons en fruits des espèces déjà vues en fleurs. Du reste, il vaut généralement mieux herboriser à une saison un peu avancée qu'à une saison trop précoce; on aura ainsi presque toujours des échantillons complets, c'est-à-dire portant à la fois des fleurs et des fruits, et l'on sera à même de recueillir des graines, des souches ou des bulbes des plantes que l'on ne trouvera qu'en fruits. Un assez grand nombre d'espèces croissent également dans la plaine et dans la montagne, et il sera souvent facile de trouver à des altitudes plus grandes des échantillons en fleurs des plantes déjà défleuries dans les plaines. Pour les espèces qui ne s'élèvent pas dans la montagne, on en rencontrera souvent, après la saison des pluies, des repousses fleuries, si toutefois on ne les a pas encore trouvées en fleurs dans des lieux plus frais ou plus ombragés que ceux où elles croissent ordinairement.

Le voyageur devra prendre note de l'importance relative des familles qui sont le plus largement représentées dans la flore, soit par le nombre des espèces, soit par celui des individus, et qui donnent à cette flore son type spécial. Cet ordre d'importance pourra être modifié par des études ultérieures, mais cette première annotation aura, comme M. Alph. de Candolle l'a si judicieusement fait observer (1), l'avantage d'appeler surtout l'attention sur les plantes qui, par leur abondance, sont essentiellement caractéristiques.—Pour compléter les données fournies par l'importance relative des familles, il est très-utile de noter celles qui sont à peine représentées dans le pays ou qui y manquent complétement, et cette dernière donnée a d'autant plus de valeur que les conditions générales du climat auraient pu, au contraire, faire croire *a priori* que les plantes de ces familles devaient y exister.

(1) Alph. de Candolle, *Caractères qui distinguent la végétation d'une contrée*.

Les plantes des diverses familles se combinant d'une manière très-différente selon les contrées, il est important de tenir compte de leurs combinaisons aux diverses stations, ces combinaisons constituant un caractère souvent tout aussi essentiel que celui de la prééminence de telle ou telle famille.

Pour les genres, il faut observer, comme pour les familles, ceux qui sont le plus largement représentés, soit par le nombre des espèces, soit par celui des individus, et ceux qui, en raison des dimensions qu'atteignent leurs espèces, ou au moins une partie de leurs espèces, donnent au pays son aspect général.

Les mêmes principes doivent être appliqués aux espèces. Ainsi l'attention devra se porter surtout sur les plantes spontanées les plus communes, particulièrement sur celles qui dominent dans le pays, ainsi que sur les plantes caractéristiques, c'est-à-dire celles qui sont les plus remarquables, soit par leurs formes, soit par leurs dimensions, quelle que soit d'ailleurs leur abondance. On devra s'appliquer à n'omettre aucun des arbres et des arbrisseaux qui forment l'essence principale des bois et des broussailles. Trop souvent le botaniste ne rapporte que des échantillons imparfaits de ces végétaux, dont il remet de jour en jour la récolte à cause même de leur fréquence ou de la difficulté qu'il a quelquefois, en raison de leur hauteur, d'en obtenir de bons échantillons.

Après ces grands végétaux, viennent comme importance les plantes les plus répandues et qui, sur les divers points explorés, constituent le fond de la végétation, surtout celles qui croissent en dehors des cultures et loin des habitations, et forment la base des prairies naturelles et des pâturages. Si, en raison des circonstances, on doit négliger quelques espèces, que ce soient surtout les plantes dites *rudérales*, propres au voisinage des lieux habités, croissant dans les jardins, les terrains cultivés, les lieux habituels de campement, auprès des puits, des aiguades, sur les décombres, etc.; ces plantes qui accompagnent l'homme sont souvent cosmopolites et offrent par cela même une importance moindre au point de vue de la géographie botanique. Il en est de même pour un grand nombre de plantes des moissons que l'homme multiplie par des semis involontaires et par les labours qui, en ameublissant le sol, en font disparaître les plantes réellement indigènes qui l'occupaient d'abord. La plupart de ces plantes sont répandues dans une grande partie du monde ou dans le monde entier, et leur véritable patrie est souvent inconnue, en raison même de leur diffusion actuelle due aux circonstances particulières qui favorisent leur propagation.

Les lieux marécageux ou aquatiques offrent ordinairement une végétation très-variée (1); mais les plantes de ces stations sont souvent celles qui sont le

(1) On ne saurait trop recommander les précautions hygiéniques à prendre pour l'exploration des marais et des bords des eaux à niveau variable, surtout dans les pays chauds, car on est exposé à y contracter le germe d'affections paludéennes, qui, trop souvent, déterminent des accidents graves ou mortels, même longtemps après que l'on est soustrait à la cause qui les a produits. Il ne faut jamais, avant de pénétrer dans l'eau, négliger de

plus largement répandues non-seulement dans le pays, mais même dans le monde, et, en raison de ce fait, elles ont une importance moindre au point de vue de la géographie botanique que celles des terrains secs.

On doit porter son attention d'une manière spéciale sur les végétaux employés à des usages alimentaires, médicaux, économiques ou industriels. On doit également ne négliger aucun de ceux qui sont connus des habitants pour leurs propriétés vénéneuses.

Les plantes rares sont trop souvent l'objet de la préférence presque exclusive des voyageurs; ce sont évidemment celles qui ont le moins de valeur comme caractéristiques d'une flore et qui peuvent être le plus impunément négligées. Du reste, à part quelques exceptions, et ce fait est surtout particulier aux flores des îles et des pays de montagnes, il n'y a que peu de plantes qui, rares sur un point, ne se rencontrent pas en plus ou moins grande abondance dans des localités plus ou moins éloignées.

Les plantes cultivées en grand, en raison de la large place qu'elles tiennent dans la flore du pays et du caractère spécial qu'elles lui impriment, méritent une attention particulière. L'explorateur doit noter si elles occupent ou non de larges espaces, et constater, toutes les fois qu'il le pourra, si leur culture remonte à des temps déjà anciens, ou si, au contraire, elles sont d'introduction récente.

Les milieux divers dans lesquels les plantes peuvent croître constituent leurs *stations*. Il faut noter les stations principales que présentent les contrées parcourues, en les classant d'après l'étendue qu'elles occupent; cette mention fournira les notions les plus utiles sur les caractères généraux de la flore. En effet, chaque station, telles que les prairies, les forêts, les marais, les rivières, les sables, les rochers, les terrains salés, les champs cultivés ou incultes, etc., offre un certain nombre de plantes particulières. — Les aspects variés que peut présenter la végétation à chaque station doivent être soigneusement constatés en tenant compte des végétaux qui lui donnent ses principaux caractères.

La fréquence ou la rareté des végétaux appartenant à certaines grandes catégories physiognomoniques, telles que les plantes grasses, les plantes à feuilles persistantes ou aciculées, les plantes annuelles, les plantes vivaces, les plantes épiphytes, etc., ne doit pas être négligée; car ce caractère, bien que d'une importance moindre que les précédents, contribue aussi à donner à la flore un type spécial.

se débarrasser des vêtements qui pourraient être atteints par elle et de remplacer les vêtements mouillés, ou au moins de ne les remettre qu'après les avoir fait sécher. Une recommandation non moins importante est d'éviter de passer la nuit dans un campement exposé aux émanations marécageuses. Il est prudent de prendre du vin de quinquina ou de l'extrait de quinquina, ou au moins du café ou quelque spiritueux avant une herborisation dans les marais. On ne doit séjourner dans les lieux marécageux ni au moment de la plus forte chaleur, ni au coucher du soleil, et il faut, au préalable, avoir pris un repas suffisamment réconfortant.

Toutes les observations qui viennent d'être indiquées doivent être prises pour l'ensemble du pays, pour ses diverses régions naturelles et pour les stations principales que l'on y rencontre, lorsque ces régions et ces stations offrent des caractères particuliers.

C'est surtout dans les pays montagneux que la flore offre des différences très-tranchées selon l'altitude. Les diverses zones de la végétation seront caractérisées par les végétaux ligneux qui y dominent, et celles dépourvues de bois et de broussailles le seront par leurs plantes les plus abondantes et les plus remarquables. Les limites inférieure et supérieure de ces zones, ainsi que leur altitude moyenne, doivent être déterminées au moyen de baromètres ou d'hypsomètres bien réglés (1).

Lorsqu'on a déterminé, au moyen du baromètre ou de l'hypsomètre, l'altitude des zones des végétaux caractéristiques, on peut y rattacher les plantes qui croissent avec eux, et avoir ainsi des données presque complètes sans multiplier outre mesure les observations.

Les déterminations d'altitude sont importantes non-seulement dans les pays

(1) L'altitude devant être établie aussi exactement que possible, il est indispensable, pour une exploration sérieuse, de se munir d'un ou de plusieurs baromètres Fortin, le moins fragile et le plus simple des baromètres à mercure, en emportant des tubes de rechange et du mercure pour être à même de remonter l'instrument en cas de fracture du tube. Il est avantageux de se munir aussi d'un ou de plusieurs baromètres anéroïdes (système Vidi ou Bourdon), bien réglés sous la cloche de la machine pneumatique. Ces derniers baromètres sont très-utiles pour déterminer l'altitude des zones végétales, car ils permettent de multiplier les observations, en raison même de la facilité avec laquelle elles peuvent être prises; mais il ne faut avoir dans ces instruments portatifs qu'une confiance relative pour les observations prises dans le cours d'un voyage : en effet, les secousses du cheval ou de la voiture troublent souvent leur marche; de plus, les observations dans les montagnes doivent être faites en gravissant les pentes et non en les descendant, car, dans ce dernier cas, la cuvette métallique du baromètre anéroïde étant quelquefois assez longtemps à reprendre son élasticité, on pourrait avoir des résultats très-incorrects. Les baromètres anéroïdes, dont la marche, comme nous l'avons déjà dit, est souvent troublée dans le cours d'un voyage rapide, sont, au contraire, des instruments précieux pour les observations à poste fixe, et ils fourniront le moyen facile d'établir des points de repère pour la détermination des altitudes. En effet, lorsqu'ils ont été réglés d'après un bon baromètre à mercure et contrôlés par une série suffisante d'observations, étant soustraits aux causes de perturbation que peuvent causer dans leur marche les secousses auxquelles ils sont exposés dans un voyage, leurs indications seront très-suffisantes pour servir de moyen de comparaison à celles que l'on prendra sur les divers points que l'on explorera. Les faibles erreurs de lecture que pourra commettre l'observateur chargé des observations à poste fixe seront presque insignifiantes, pour peu qu'il soit exercé, et d'ailleurs ces erreurs disparaîtront presque complétement dans l'établissement d'une moyenne comprenant un certain nombre d'observations. — Pour suppléer au besoin au baromètre, le voyageur peut utilement aussi se munir d'un hypsomètre. Les indications fournies par cet instrument n'ont pas, il est vrai, toute la valeur des observations barométriques, mais elles peuvent donner des approximations généralement suffisantes pour la détermination des limites des zones végétales. — Un observateur exercé pourrait, s'il était dépourvu de baromètre et d'hypsomètre, avec un simple thermomètre à mercure bien réglé et à divisions assez larges, en évaluant à l'œil les dixièmes de degré, apprécier la température à laquelle a lieu l'ébullition de l'eau, et, au moyen des tables hypsométriques, arriver à des indications d'altitude déjà très-utiles.

dont la topographie a été peu étudiée, mais même dans ceux pour lesquels existent les meilleures cartes donnant ces indications; car ce qui intéresse surtout le naturaliste, c'est bien plutôt l'altitude des zones végétales que celle des points culminants, qui n'ont souvent pour la flore qu'une valeur secondaire. Dans le cas où des observations barométriques n'auraient pas été exécutées, l'ordre de superposition des zones végétales noté avec soin fournira de précieux repères pour juger approximativement de l'altitude à laquelle croît telle ou telle espèce, en la rapportant à la zone dans laquelle elle a été observée; mais il va sans dire qu'il ne faut pas omettre de mentionner si la plante existe dans toute l'étendue d'une des zones, si elle se rencontre dans deux ou plusieurs de ces zones, ou si, au contraire, elle ne se trouve que dans la partie supérieure ou inférieure de l'une d'elles. Il est évident que dire d'une plante qu'elle se rencontre sur un point de l'Europe dans la zone du Chêne, du Hêtre, du Mélèze, etc., ne donne qu'une idée vague de l'altitude à laquelle elle croît, mais cette notion devient plus précise si l'on mentionne qu'elle n'existe qu'à la limite supérieure ou inférieure de la zone caractérisée par l'un de ces arbres.

Des thermomètres à mercure, bien réglés et gradués sur tige, serviront à observer les températures atmosphériques aux diverses heures de la journée, leurs maxima et leurs minima, et celles non moins importantes du sol à sa surface et à des profondeurs diverses; les observations de la température du sol permettront souvent de juger de son degré d'humidité, car l'abaissement de la température à une faible profondeur sera d'autant plus rapide que l'eau contenue dans le sol sera en plus grande abondance, comme cela a lieu souvent dans les dunes, au bord de la mer et dans les déserts.

Il serait avantageux d'avoir en outre à sa disposition des thermomètres maxima et minima ; surtout si l'on peut les laisser un certain temps en expérience, après les avoir placés dans des conditions convenables, ils permettront d'apprécier les variations de température de l'atmosphère et du sol, et l'intensité du rayonnement pendant la nuit.

Il est indispensable de noter la profondeur des puits et leur température, ainsi que celle des sources, de même que la durée des pluies, leur saison habituelle, leur fréquence ou leur rareté, leur abondance, la présence ou l'absence de neige ou de glace, l'épaisseur de leurs couches, la date des premiers et des derniers froids, les températures maxima et minima de l'atmosphère et du sol aux diverses saisons, etc. En un mot, toutes les observations qui peuvent contribuer à faire connaître le climat doivent être consignées sur le carnet du voyageur explorateur.

Le botaniste voyageur doit se munir de médicaments propres à combattre les affections les plus communes dans les pays qu'il doit visiter. S'il n'est pas médecin, il devra étudier les caractères généraux de ces affections et les moyens les plus propres à les combattre. Avec un petit nombre de médicaments bien choisis et quelques instruments de petite chirurgie, on peut non-seulement se préserver souvent d'accidents graves, mais encore, par les soins que l'on donnera aux malades, se rendre facile l'accès des contrées habitées par des populations fanatiques ou presque hostiles.

Dans presque tous les pays peu civilisés ou habités par des peuplades sauvages, l'Européen est considéré comme médecin et respecté en cette qualité. On négligerait un moyen important de sécurité, si l'on ne se mettait à même d'entretenir ces bonnes dispositions (1).

II. — Instruments d'observation, de récolte et de préparation des plantes.

Pour les études rapides qui doivent être faites en voyage on peut se borner à une loupe à deux ou à trois verres, à un bistouri, un rasoir, une lancette et deux aiguilles solidement emmanchées, l'une droite, l'autre courbe à son extrémité; ces quelques instruments suffiront dans la plupart des cas pour les coupes et les dissections indispensables devant conduire à la connaissance des genres. Le microscope et la loupe montée (2) ne sont guère utiles que pour les dissections délicates et les études cryptogamiques.

Pour la récolte et la préparation des plantes, la conservation et le transport des collections, le voyageur doit, avant son départ, indépendamment de plu-

(1) On pardonnera au médecin cette digression presque étrangère au sujet de cet article, en raison de son importance capitale, surtout dans les contrées habitées par les peuples d'origine orientale, qui ont pour le médecin européen une estime qui le leur fait respecter presque à l'égal de leurs marabouts qu'ils entourent d'une si grande vénération. C'est pour ne pas avoir tenu compte de cette donnée si importante que les explorateurs de l'Afrique centrale ont été si souvent victimes, dans le cours de leurs voyages à travers des pays malsains, de leur zèle et de leur dévouement pour la science. On n'aurait peut-être pas à déplorer la perte cruelle que la Société de géographie vient de faire d'un de ses membres les plus dévoués, voyageur intrépide, s'il ne se fût pas laissé entraîner par son ardeur même à braver, sans avoir tous les moyens de les combattre, les dangers d'un climat meurtrier.

La connaissance de la flore du Maroc, et spécialement celle des hautes montagnes de ce pays, encore d'un accès si difficile et si dangereux, malgré son voisinage de l'Europe, est un des desiderata de la science. Il n'est pas douteux cependant qu'un médecin ne puisse se concilier le bon vouloir des populations fanatiques de cette contrée et de leurs chefs, et aborder enfin les sommités neigeuses encore inexplorées de ces montagnes qui promettent à la botanique de précieux documents. Il lui suffirait de séjourner quelque temps dans les villes les plus voisines, d'y faire reconnaître sa qualité de *tebib*, et il pourrait être certain, grâce au prestige médical, après avoir conjuré l'ombrageuse méfiance des chefs arabes, de trouver auprès des populations berbères de la montagne non-seulement la sécurité, mais même une cordiale hospitalité (voir les renseignements donnés par M. Balansa [*Bull. Soc. géogr.* avril 1868] sur la bienveillance que lui ont témoignée les habitants des hautes montagnes situées au sud-ouest de la ville de Maroc, bienveillance qui fait un heureux contraste avec la perfidie des chefs arabes).

(2) M. Nachet a construit, d'après les indications de l'auteur de cet article, un microscope très-portatif, muni d'une table à dissection qui, avec un porte-loupe et une série de doublets, sert aussi de loupe montée.

sieurs rames de papier non collé, se munir de tous les instruments et du matériel nécessaire. Ces instruments sont peu nombreux et faciles à se procurer, mais il faut apporter beaucoup de soin à leur choix, car de ce choix dépend en grande partie le succès botanique du voyage. Les principaux instruments de récolte sont : une pioche courte solidement emmanchée ou un piochon en forme de marteau à bec allongé; une houlette ou une lame épaisse et solide en forme de fer de lance ou de couteau-poignard, à deux tranchants, munie d'un manche solide; un échenilloir, dont on se servira avantageusement pour la récolte des échantillons des arbres que l'on pourrait difficilement atteindre sans lui; plusieurs couteaux et serpettes; une boîte d'herborisation, environ du format du papier, mais d'une assez grande capacité; une petite boîte d'herborisation de poche ; des flacons bien bouchés (1), destinés à conserver dans l'alcool les plantes entières ou les parties de plantes de nature à être altérées par la dessiccation ; des feuilles d'un carton résistant du format du papier; des planchettes, de dimensions un peu plus grandes, de bois blanc (peuplier), munies vers leurs extrémités d'une gouttière plate de bois dur (chêne) qui les empêchera de se déjeter et facilitera le glissement des courroies; des châssis de bois dur munis de barres transversales et longitudinales; des châssis de fer, légers, garnis d'un treillage à mailles assez serrées; des courroies, les unes de cuir, les autres de coutil fort (dit *tirant*) pour serrer les presses; du papier goudronné pour envelopper les paquets de plantes sèches; de la poudre insecticide, de la benzine ou de l'acide phénique pour préserver ces paquets de l'atteinte des insectes; des toiles cirées pour protéger contre la pluie les caisses, les sacs ou les ballots renfermant ces paquets ; des cordes et des ficelles de diverses grosseurs. — Il n'y a pas lieu d'insister ici sur l'emploi de ces divers instruments dont l'usage est généralement connu de tous ceux qui ne sont pas complétement étrangers aux recherches botaniques (2).

On ne saurait trop recommander d'emporter autant de papier que le comportent les moyens de transport dont on disposera et la nature du voyage

(1) Les flacons dans lesquels doivent être renfermés les échantillons ou fragments d'échantillons à conserver dans l'alcool, doivent être munis de bouchons ajustés avec le plus grand soin pour éviter la déperdition ou l'évaporation du liquide qui se produisent trop souvent, surtout avec les bouchons de liége. Avec ces bouchons, il est indispensable de les enduire, ainsi que le col du flacon, d'une couche d'un lut très-tenace qui est souvent difficile à préparer et à employer en voyage, et qui a l'inconvénient d'empêcher d'ouvrir le flacon si cela est nécessaire. On ne saurait trop recommander aux naturalistes-voyageurs de se munir de flacons à bouchage métallique et hermétique du système Jackson (50, rue de la Chaussée-d'Antin, à Paris), qui ont l'avantage de se fermer avec une grande précision et de pouvoir être ouverts autant de fois qu'il en est besoin, alors même qu'ils renferment déjà des échantillons plongés dans l'alcool. Lorsque le flacon est plein, le bouchon métallique peut facilement être scellé par du lut, du mastic ou du plâtre, que l'on introduit entre la plaque supérieure du bouchon et la cavité du col du flacon.

(2) Pour plus de détails, consulter l'ouvrage de M. B. Verlot (*Guide du botaniste herborisant*, pages 27-48) et l'article HERBORISATIONS du *Nouveau Dictionnaire de botanique*, par M. Germain de Saint-Pierre.

que l'on doit exécuter. Le choix du papier à préparation doit être l'objet d'une attention toute spéciale; il doit être non collé, aussi perméable que possible à l'humidité, suffisamment résistant. Le meilleur est celui qui renferme des matières laineuses, car c'est celui avec lequel on obtiendra la dessiccation la plus rapide et avec lequel on sera le moins exposé à voir se développer la fermentation des plantes mises sous presse. On peut dire, comme indication générale, que plus on aura de papier à interposer en coussins épais entre les feuilles renfermant les échantillons, moins on aura de peine pour la dessiccation, tout en obtenant rapidement les meilleurs résultats. Le papier à sécher doit, pour les traversées et les voyages lointains, être renfermé dans des caisses adaptées à son format et d'une forme convenable pour pouvoir être, au besoin, facilement chargées sur des bêtes de somme. Dans le cours des explorations, ces mêmes caisses serviront à contenir les paquets des plantes entièrement sèches et à les soustraire ainsi aux chances d'avarie auxquelles elles peuvent être exposées par les chargements et déchargements successifs. Cette recommandation est surtout importante pour les pays dans lesquels la sécheresse de l'atmosphère et une température élevée rendent les échantillons très-fragiles. On ne saurait trop engager les botanistes-voyageurs à adopter, pour le papier destiné aux préparations de plantes, un format de 42 ou 43 centimètres de longueur sur 26 ou 27 centimètres de largeur, c'est-à-dire d'une grandeur un peu inférieure à celle de la plupart des herbiers. On évitera ainsi de donner aux échantillons des dimensions qui les excluraient des collections.

III. — **Choix et récolte des échantillons d'herbier.**

Les échantillons d'herbier, recueillis et préparés avec soin, sont la véritable base de l'étude des plantes, car ils permettent de comparer facilement entre elles, et au même état de développement, les espèces voisines; ils sont aussi, comme l'a dit avec une si grande justesse d'expression A.-P. De Candolle, des documents certains et permanents qui éclairent la classification et la nomenclature. Ce sont, comme le fait observer l'éminent botaniste, des types sauvages plus précieux à observer que les végétaux cultivés dans les jardins, souvent déformés par la culture. On ne saurait donc apporter trop de soin au choix et à la récolte de ces précieux moyens d'étude.

Dans les voyages à pied ou à cheval, et ce sont les seuls qui permettent d'étudier à fond la flore du pays, il faut que l'attention soit constamment en éveil et que l'on visite chaque point différant notablement de l'ensemble de la contrée par l'aspect de sa végétation, par la nature du sol, son degré de sécheresse ou d'humidité, sa configuration, etc. On arrive ainsi à recueillir en peu de temps un grand nombre d'espèces. Si, au contraire, on n'herborise qu'aux environs des centres où l'on séjourne, on peut laisser passer inaperçues un grand nombre de plantes, et ne pas retrouver en aussi bon état de développement celles que l'on avait vues aux stations que l'on n'avait fait que traverser. Il est utile de s'écarter souvent des chemins fréquentés, car la végétation dans leur voisinage est généralement modifiée en raison même de leur fréquentation par l'homme et les animaux domestiques qui a pu en faire disparaître ou, au contraire, y introduire un certain nombre d'espèces. — Il ne faut jamais remettre la récolte d'une plante que l'on trouve en bon état de développement, quelle que soit d'ailleurs son abondance dans le pays. Il arrive trop souvent que dans les collections des voyageurs, ce sont les plantes les plus abondantes qui ont été négligées, car on est toujours disposé à attendre le jour où l'on ne sera pas surchargé d'occupation pour procéder à leur récolte; tout voyageur sérieux ne sait que trop combien sont rares ces journées de loisir relatif.

Les plantes ne doivent être, autant que possible, récoltées que lorsque les caractères présentés par leurs divers organes, racine, tige, feuilles, fleurs, fruits, graines, ont acquis leur complet développement. Si l'on est à même de recueillir des échantillons assez nombreux de chaque espèce, il faut représenter, par la série des échantillons, les diverses périodes de la végétation de la plante, toutes les variétés ou modifications qu'elle peut présenter, ses extrêmes de taille, sa taille moyenne, etc. Il va sans dire que l'on doit surtout s'attacher à la récolte des échantillons en fleurs et en fruits; généralement ces deux états peuvent se rencontrer sur le même individu, mais il y a lieu de procéder à deux récoltes lorsque la plante en fleurs ne porte pas en même temps des fruits complétement mûrs.

Lorsque la taille de la plante le permet, la souche ou la racine doit être recueillie entière; mais si elle est trop volumineuse, elle peut être fendue longitudinalement avant d'être soumise à la préparation. Il en est de même des bulbes, dont on doit, en tout cas, ménager les écailles et les tuniques extérieures qui fournissent souvent des caractères importants.

La tige doit être recueillie entière, lorsque la taille de la plante n'excède pas la longueur du papier ou lorsqu'elle peut y être renfermée après avoir été repliée à angles très-aigus une ou deux fois sur elle-même. Il est souvent utile, pour les échantillons dont la tige doit être repliée, de lui faire subir, au niveau du pli, un léger écrasement qui lui enlève son élasticité et lui permet de garder la direction qu'on veut lui donner; pour les tiges très-élastiques il est même quelquefois indispensable de fixer le pli par une anse de papier fort, de fil ou de ficelle. Lorsque les tiges ou les rameaux sont trop volumineux pour pouvoir entrer dans l'herbier, on obtient souvent de bons échantillons en les fendant longitudinalement; il est indispensable d'en agir ainsi lorsque les fleurs naissent sur le vieux bois de troncs volumineux. Pour les arbres et les arbrisseaux, il est utile de prendre des fragments d'écorce et des rondelles munies de leur écorce du tronc, des branches ou des rameaux, ainsi que des coupes longitudinales de 2-3 décimètres de longueur et également munies de leur écorce.

Les feuilles étant souvent différentes de forme dans la partie inférieure de la plante, dans sa partie moyenne et dans sa partie supérieure, il est indispensable dans ce cas, si la plante, même repliée, ne peut être contenue dans le format du papier, de recueillir des fragments de tiges munies de feuilles présentant ces formes diverses. Un certain nombre de plantes, comme les Ombellifères, par exemple, ont souvent les feuilles radicales et inférieures très-différentes des feuilles caulinaires; on doit recueillir avec soin ces feuilles qui offrent souvent des caractères importants, alors même qu'elles sont flétries ou desséchées lors de la floraison; si elles n'existent plus sur les individus en fleurs ou en fruits, on doit les rechercher sur ceux dont le développement est moins avancé. Il est même quelquefois indispensable, surtout pour les plantes bisannuelles, telles que les Carduacées, de recueillir à part les rosettes de feuilles radicales, car elles auront disparu longtemps avant la floraison. Chez un certain nombre de plantes les feuilles et les fleurs ne se développent pas à la même époque, et dans ce cas elles doivent nécessairement être recueillies à part.

Les fleurs, offrant les caractères de première valeur, doivent être l'objet de soins particuliers. Autant que possible on doit recueillir des échantillons portant des fleurs complétement épanouies et des boutons à divers degrés de développement, car l'étude de la préfloraison et de la symétrie des parties florales sera généralement beaucoup plus facile sur les boutons que sur les fleurs elles-mêmes. Pour les plantes où les deux sexes sont séparés, on doit recueillir des échantillons de l'individu mâle et de l'individu femelle. Pour la plupart des arbres, il est important d'avoir des échantillons munis de fleurs et de fruits et des échantillons portant des feuilles adultes provenant du même individu, et il est souvent utile, pour éviter de regrettables confusions dans les genres dont les espèces sont voisines par leurs caractères, de marquer, si la durée du séjour le permet, le sujet sur lequel doivent être faites les diverses récoltes. — Pour obtenir des échantillons florifères ou fructifères des arbres élevés, surtout dans les forêts vierges où les grands végétaux ligneux croissent très-rapprochés et ne fleurissent généralement que dans la partie supérieure de leur cime, il faut varier les procédés de récolte. Les plus avantageux sont certainement d'abattre les arbres ou d'y grimper, ou d'y faire grimper pour en couper les branches qui doivent fournir à l'herbier les rameaux portant les fleurs ou les fruits, mais ces moyens sont loin d'être toujours praticables en raison de la perte de temps qu'ils entraînent, et, dans les pays civilisés, ils pourraient exposer le voyageur à de fâcheuses contestations; mais dans la plupart des cas on peut employer l'échenilloir ou un crochet de fer ou de bois pour détacher les rameaux. A défaut de ces instruments, on peut lancer dans les branches ou les rameaux une pierre fixée à une ficelle dont l'autre extrémité est retenue dans la main, et, en tirant à soi, on peut généralement abaisser les branches ou détacher les rameaux, et obtenir ainsi les échantillons d'herbier. Enfin on peut avoir quelquefois recours au fusil pour détacher les rameaux que l'on ne pourrait atteindre par un autre moyen. — On est aussi réduit à ce procédé brutal pour détacher des fragments de plantes croissant à de grandes hauteurs sur des rochers abrupts.

Les fruits ne sont pas moins importants que les fleurs pour la détermination des genres et des espèces, et, dans un certain nombre de familles, telles que les Crucifères, les Bignoniacées, les Ombellifères, les Valérianées, les Composées, les Graminées, etc., ils fournissent les différences génériques et spécifiques principales. Les fruits doivent être recueillis avant leur complète maturité et à leur maturité parfaite; en effet, les jeunes fruits sont souvent très utiles pour l'étude de la forme, lorsque celle-ci est modifiée à l'extrême maturité par la déhiscence.

Ce n'est qu'exceptionnellement que les graines doivent être recueillies à part et renfermées dans des sachets, et seulement lorsque les fruits les laissent échapper facilement; mais toutes les graines qui se détachent des échantillons doivent être soigneusement conservées dans des sachets de papier placés dans la même feuille que l'échantillon lui-même.

Pour les plantes parasites il faut autant que possible conserver leur adhérence avec la plante nourricière, ou au moins noter avec soin, lorsque cette adhérence ne peut être maintenue, sur quelle plante elle croissait. Dans les amilles où le parasitisme a lieu par les fibres radicales, on doit apporter les plus grandes précautions dans l'arrachage pour respecter toutes les adhérences, et débarrasser les racines de la terre au moyen d'un lavage dans une eau courante ou sous le robinet d'une fontaine.

Une bonne précaution à prendre pour la récolte des Cryptogames inférieurs, c'est de placer au fur et à mesure tous les échantillons recueillis d'une même espèce, soit dans un sac de papier, soit dans un flacon bouché, suivant la nature ou la consistance de l'espèce. On évite ainsi d'avoir à se livrer, pour la préparation, à un travail de triage toujours long et minutieux et rendu quelquefois presque impossible par le mélange qui peut se produire d'individus appartenant à des espèces voisines et par la terre qui, dans le transport, les salit et masque leur forme.

Les échantillons des plantes aquatiques croissant trop loin des bords ou dans des eaux trop profondes pour pouvoir être recueillis directement (ce qui est le mieux toutes les fois que cela est praticable), peuvent souvent être obtenus au moyen d'un petit culot de bois lesté de plomb, hérissé de crochets de fer et attaché à l'extrémité d'une ficelle, ou mieux au moyen d'un râteau, muni d'un manche suffisamment long, avec lequel on drague le fond de sable ou de vase dans lequel la plante est enracinée.

Les espèces d'Algues qui croissent dans les eaux douces peu profondes, ou dans la mer, sur les plages basses ou les rochers du littoral mis à découvert pendant le reflux, surtout au moment des plus basses marées, sont facilement recueillies avec leur base insertionnelle ou les crampons qui les fixent au sol ou aux rochers ; mais pour celles qui croissent dans les mers sans flux et reflux ou à de grandes profondeurs, il faut profiter de toutes les occasions qui peuvent les mettre à votre portée, et ne pas négliger de les recueillir lorsqu'elles sont rejetées sur la plage par les tempêtes ou par les filets des pêcheurs.

Pour la récolte des Lichens croissant sur les troncs d'arbres, il suffit d'enlever une tranche de l'écorce qui les porte. Pour recueillir ceux qui croissent sur les rochers ou sur les pierres, il faut employer un ciseau à froid et un marteau, en évitant de briser les échantillons et de prendre des fragments de roche trop volumineux pour être placés convenablement dans l'herbier.

Les plantes recueillies doivent être placées immédiatement dans la boîte à herboriser, après avoir eu le soin de débarrasser leurs racines de la terre qu'elles peuvent retenir, et avoir replié, d'après le format du papier, les échantillons lorsqu'ils sont trop grands pour y rentrer sans cette précaution. Mais pour éviter les causes de détérioration que les échantillons subissent souvent dans la boîte en s'y froissant, en s'y crispant par la chaleur, en perdant les pétales de leurs fleurs, etc., on doit, à la première halte, les en retirer pour les placer sur les feuillets de papier à préparation renfermés dans un *cartable* que l'on doit toujours avoir avec soi. On ne saurait trop insister sur l'importance de la bonne installation de ce cartable pour assurer la conservation des plantes à texture délicate dans les pays tempérés, et de presque toutes dans les pays chauds ; en effet, la boîte de métal y étant souvent exposée à une température élevée, on aura à craindre le développement d'un commencement de fermentation très-nuisible pour une bonne dessiccation. Les plantes disposées dans le papier que renferme le cartable y sont, au contraire, soustraites à ces causes de détérioration.

Un *cartable* se compose de deux feuilles de carton résistant (le meilleur est celui qui est fabriqué avec des débris de cordes goudronnées) ou de forte carte, recouvertes ou non de parchemin, de cuir, de toile ou de toile cirée, réunies au moyen de deux courroies ou simplement d'une cordelette solide. On peut avantageusement substituer aux cartons deux feuilles de cuir suffisamment épais. Entre les deux feuilles de carton ou de cuir on place une centaine de feuilles simples de papier à préparation et une vingtaine de feuilles doubles.— Le cartable peut être utilement muni d'une ou deux courroies pour le porter soi-même, soit en gibecière, soit en havre-sac, soit derrière la boîte ; mais dans les longues courses il vaut mieux en charger le guide qui vous accompagne, ou, ce qui est encore préférable, si l'on est à cheval, le placer dans un sac de tapisserie grossière, de moquette ou de grosse toile, ouvert en haut et fixé par ses deux angles à une courroie que l'on attache à l'arçon de la selle.

Dans les longs voyages et les courses qui doivent fournir d'abondantes récoltes, il est très-avantageux d'avoir deux de ces sacs renfermant chacun un cartable et que l'on réunit par des courroies pour les placer comme un bât sur la bête de somme.

Dès que l'on a recueilli tous les échantillons qui doivent représenter une espèce, échantillons que l'on a momentanément déposés dans la boîte à herboriser, on doit les retirer de la boîte pour les disposer avec autant de soin que possible sur les feuilles simples du cartable. On peut généralement placer plusieurs échantillons sur une même feuille, mais il faut leur donner la orme qu'ils devront garder définitivement. Toutes les feuilles simples consacrées à l'espèce et couvertes d'échantillons seront renfermées dans une feuille double formant chemise, et si elles forment un paquet un peu volumineux, ce paquet sera entouré de deux feuilles doubles emboîtées et sera fermé en outre, à chaque extrémité, par une feuille simple pliée vers le milieu de sa longueur. Un ficelage en croix, simple ou double suivant le besoin, maintiendra le paquet suffisamment serré. — Les plantes et les fascicules de plantes que l'on placera dans le cartable devront être assez comprimés pour empêcher leur déplacement et leur froissement par suite du transport. Pour les plantes à texture très-délicate et se flétrissant vite, ainsi que pour celles dont les corolles sont très-caduques, les échantillons devront être immédiatement disposés d'une manière définitive et placés à l'intérieur de feuilles doubles. Si l'on dispose, comme cela est utile dans les voyages à cheval ou à mulet, de deux cartables renfermés dans des sacs, il est très-avantageux de réserver un de ces cartables aux plantes qui doivent recevoir leur arrangement définitif au moment même de la récolte, et l'autre à celles qui ne doivent être arrangées que provisoirement. — Les branches et même les feuilles des échantillons trop touffus doivent en partie être supprimées, mais en ménageant la base pour montrer la place qu'elles occupaient; on doit, au contraire, conserver les feuilles radicales ou inférieures même lorsqu'elles commencent à se détruire, car ces feuilles ou leurs débris peuvent offrir souvent des caractères utiles et laissent à l'échantillon son port naturel.

Les plantes dont les fleurs s'épanouissent aux premières heures du jour, ou, au contraire, vers le coucher du soleil, doivent être déposées dans la boîte jusqu'au moment où les fleurs s'ouvrent de nouveau ou auront été remplacées par des boutons qui se seront épanouis, et l'on ne doit mettre l'échantillon en presse que lorsqu'il présente un certain nombre de fleurs régulièrement ouvertes.

IV. — Récolte des bulbes, des fruits, des graines et des bois.

Indépendamment des échantillons d'herbier, le voyageur aura à recueillir des bulbes, des rhizomes ou des graines des végétaux offrant une valeur scientifique spéciale ou ayant un intérêt économique, médical ou industriel. Il sera ainsi à même d'obtenir après son retour la reproduction et la multiplication des plantes qui doivent être étudiées dans toutes leurs périodes de végétation ou pouvant offrir des applications utiles. Les difficultés que présente le transport des plantes vivantes à de grandes distances, en raison des soins qu'elles réclament et de l'espace qu'elles occupent (1), doivent engager à recueillir surtout des graines dont la conservation et le transport offrent généralement bien plus de facilité.

Les bulbes et les rhizomes, pouvant se conserver assez longtemps pour être replantés utilement, doivent être recueillis après que la plante a disséminé ses graines ou est au moins défleurie, c'est-à-dire pendant la période de repos. C'est surtout pour les Monocotylées bulbeuses que la récolte des bulbes et des graines est particulièrement utile, car il est souvent presque impossible d'étudier ces plantes d'une manière complète, si ce n'est sur des échantillons vivants.

Les graines doivent être récoltées complétement mûres, c'est-à-dire au moment de la déhiscence naturelle du fruit, si ce fruit est déhiscent, ou de sa maturité parfaite accusée par la consistance de son péricarpe, s'il est indéhiscent. Elles doivent être séchées à l'air libre et maintenues dans un lieu bien sec, puis enfermées, selon leur volume et leur quantité, dans des sachets de toile ou de papier. Il va sans dire que les sachets doivent être accompagnés d'étiquettes identiques avec celles des échantillons d'herbier et portant le même numéro d'ordre. — Les graines des fruits pulpeux doivent être séparées de la pulpe avant d'être soumises à la dessiccation. — Les graines huileuses, perdant promptement leur faculté germinative, réclament des procédés de conservation particuliers et doivent être expédiées dans des boîtes accessibles à l'air, et dans lesquelles on fera alterner des couches de sable avec des lits de graines convenablement espacées et disposées pour en assurer la germination pendant le transport à destination.

Les échantillons de bois, les fruits et les graines, trop volumineux pour pouvoir être préparés avec les plantes ou parties de plantes recueillies pour l'herbier, doivent être pris sur l'individu même qui entrera dans l'herbier ou qui en a fourni les échantillons.

Les échantillons de bois doivent, comme nous l'avons dit plus haut, être munis de leur écorce et comprendre des coupes horizontales et des coupes verticales, soit de la tige, soit des branches, suivant leur grosseur. Dans le cas où le diamètre de la tige ne permet pas d'en prendre une rondelle, il est bon de recueillir un fragment de son écorce, souvent assez différente d'aspect de

(1) Consulter, pour la conservation et le transport des plantes vivantes, les *Instructions pour les voyageurs, publiées par le Muséum d'histoire naturelle*, où se trouvent consignés des renseignements étendus sur l'emploi de la caisse Ward, serre portative la mieux appropriée aux longues traversées.

celle des branches. — On doit, autant que possible, placer les échantillons de bois dans des lieux bien aérés, ni trop secs ni trop chauds, afin d'éviter qu'ils ne se fendillent par une dessiccation trop rapide.

Les produits fournis par les plantes, tels que les gommes, les résines, les sucs condensés, les substances tinctoriales, médicinales ou toxiques, doivent être munis du même numéro d'ordre que les échantillons de la plante qui les fournit.

V. — Étiquetage des échantillons, notes et carnet de voyage.

Le voyageur doit, au moins une fois par jour, consigner sur son carnet de voyage toutes les observations météorologiques, géologiques ou autres qui sont de nature à fournir des documents utiles sur le pays qu'il explore et sur les influences qui en déterminent la végétation. Mais tous les renseignements concernant les plantes dont il recueillera des échantillons doivent être inscrits sur des feuillets libres ; ces feuillets seront réunis aux échantillons de la plante, avec l'étiquette qui doit les accompagner, et porteront le même numéro d'ordre que l'étiquette elle-même.

Autant que possible chaque échantillon, ou au moins chaque série d'échantillons appartenant à une même espèce et recueillis à une même station et à une même date, sera, au moment même de sa préparation, munie d'une étiquette portant un numéro d'ordre. — Le numérotage des étiquettes devra être continu en suivant l'ordre régulier de la série des nombres de la première à la dernière plante récoltée dans le voyage. Ce numéro d'ordre, qui devra être invariablement maintenu, permettra de correspondre pendant et après le voyage avec les botanistes et d'en obtenir des renseignements sur l'espèce dont on leur aura communiqué des échantillons numérotés, et plus tard, si la plante est décrite comme nouvelle, il offrira un facile moyen de vérification et de concordance. — Indépendamment du numéro d'ordre, l'étiquette doit indiquer les noms générique et spécifique, si on les connaît, le nom trivial que les habitants du pays donnent à la plante, s'il en existe, et la signification de ces noms, souvent caractéristiques, toutes les fois que l'on pourra l'apprendre. On inscrira également sur l'étiquette la localité indiquée géographiquement avec autant de précision qu'on le pourra, ainsi que la station, l'altitude approximative si on la connaît, la nature du terrain, son état d'agrégation, son exposition, son degré de sécheresse ou d'humidité, la date de la récolte. Il est également important de noter si la plante est rare ou abondante ; si elle croît isolée ou réunie en groupes d'individus ; si elle occupe un grand espace du pays ou si, au contraire, elle est localisée ; si elle se rencontre plus particulièrement en société avec une ou plusieurs espèces. — C'est surtout pour les espèces constituant les essences principales des forêts et des pâturages, ainsi que pour celles ayant des usages économiques, industriels ou médicaux, que le nom trivial doit être noté avec soin. On devra, pour ces plantes usuelles, prendre tous les renseignements sur les parties employées et sur leur mode d'emploi. Il est également important de mentionner les propriétés des espèces connues comme toxiques par les habitants. — La couleur et l'odeur de la fleur et des autres parties de la plante, ainsi que la saveur, qui sont généralement plus ou moins altérées ou disparaissent par la dessiccation, doivent être notées. Il est avantageux, si l'on sait dessiner, de joindre à ces derniers renseignements un croquis des fleurs, des fruits et autres parties qui peuvent être déformées par la dessiccation et, par une teinte à l'aquarelle, d'en indiquer aussi exactement que possible la couleur lorsqu'elle est de nature à s'altérer par la préparation de l'échantillon. — Si les échantillons sont complets, il faut noter s'ils représentent la taille moyenne de la plante, ou si, au contraire, ils appartiennent à ses extrêmes de grandeur. S'ils sont incomplets, comme c'est le cas pour la plupart des arbustes et pour les arbres, on doit prendre note de la taille habituelle de l'espèce. Il est important de mentionner si les arbres et les arbrisseaux sont ramifiés dès leur partie inférieure, et, dans le cas contraire, d'indiquer vers quelle hauteur naissent leurs ramifications principales ; il ne faut pas non plus négliger d'inscrire dans ses notes si les branches et les rameaux sont espacés ou rapprochés, s'ils sont dirigés horizontalement, obliquement ou verticalement. La circonférence du tronc des arbres doit être mesurée à un mètre du sol. — Pour les grands végétaux ligneux, dont le port ne peut être apprécié d'après les échantillons d'herbier, il est très-utile que le voyageur, toutes les fois qu'il le pourra, prenne une vue d'ensemble d'un ou de plusieurs sujets représentant le mieux le type habituel de l'espèce par un croquis, s'il sait dessiner, ou mieux par une épreuve photographique, s'il a un appareil héliographique à sa disposition. — Il faut, sur les étiquettes, distinguer avec soin les plantes cultivées ou échappées des cultures, des plantes réellement indigènes, et, pour ces dernières, indiquer toujours si elles se rencontrent loin des habitations, ou si, au contraire, elles sont propres aux lieux habités, au voisinage des campements, des puits, des sources et autres stations fréquentées par l'homme.

Trop souvent, après une journée laborieusement remplie par les récoltes et une soirée consacrée à la préparation des plantes recueillies, on n'a pas le temps d'écrire les étiquettes définitives portant toutes les indications nécessaires, et l'on doit se borner, avant de mettre en presse les échantillons, à les accompagner d'étiquettes portant seulement la date et la mention sommaire de la station. Mais il ne faudra pas négliger de profiter du premier moment de loisir pour substituer à ces étiquettes provisoires des étiquettes définitives pendant que l'on aura encore présentes à la mémoire toutes les données qui doivent y être consignées.

Pour les échantillons de bois, ainsi que pour les graines et les fruits conservés à part, comme nous l'avons déjà dit plus haut, on doit reproduire l'étiquette de la plante d'herbier avec son numéro d'ordre, et coller cette étiquette sur l'échantillon, le sachet ou le flacon ; pour plus de sûreté, il est bon d'inscrire encore directement le numéro d'ordre sur les échantillons de bois.

Si l'on ignore le nom d'une espèce, il est souvent commode de lui substituer un nom de genre ou de famille accompagné d'un nom spécifique arbitraire, nom que l'on reproduira sur les étiquettes. Dans le cas où le nom du genre et même celui de la famille sont inconnus, ce qui peut arriver souvent alors que l'on aborde l'étude d'une végétation entièrement nouvelle pour soi, on peut fixer sur les feuillets d'un carnet portatif des échantillons fragmentaires ; ce carnet sera une précieuse ressource pour la comparaison des éléments de la végétation des divers points que l'on sera à même de visiter : cette recommandation est surtout importante pour les arbres ou les végétaux essentiellement caractéristiques des régions naturelles d'une contrée ou des zones de végétation d'une montagne élevée. On aura ainsi un moyen commode de prendre des notes sur la fréquence ou la rareté de ces végétaux, si l'on a eu le soin d'établir par le même numéro d'ordre la concordance exacte entre les échantillons du carnet et ceux de l'herbier.

VI. — Préparation des échantillons d'herbier.

Il est impossible, dans les limites de ces instructions, d'indiquer toutes les modifications que les procédés de dessiccation devront subir selon le degré de chaleur, de sécheresse ou d'humidité du climat de la contrée où l'on herborisera, selon les conditions dans lesquelles s'exécutera le voyage, et selon que la préparation devra avoir lieu en route, à poste fixe, en plein air ou sous la tente, dans des habitations étendues ou restreintes. Un peu de pratique vaudra mieux, du reste, que tous les préceptes, et l'on ne saurait trop engager tout voyageur qui devra entreprendre une exploration botanique de se mettre en relation avant son départ avec des botanistes familiers avec tous les modes de préparation ; il en apprendra plus par leurs conseils et par quelques essais, faits sous leurs yeux, avec le matériel le plus approprié au climat de la contrée à explorer, que par la lecture des instructions les plus détaillées.

On ne saurait trop insister sur l'avantage qu'il y a à procéder à la préparation définitive dès que l'on est arrivé, soit à un lieu de halte ou de campement, soit à une habitation ; car cette préparation sera d'autant plus facile et sera faite dans des conditions d'autant plus avantageuses qu'elle sera plus rapprochée de la récolte ; on sera à même de remédier sans difficulté aux faux plis que les échantillons auront pu prendre lors de l'arrangement fait sur place ou dans le transport, et surtout on évitera la fermentation et des altérations de tissus qui retarderaient la dessiccation ou même la compromettraient et, en tout cas, altéreraient les couleurs. Cette dernière recommandation est surtout importante dans toutes les circonstances qui peuvent déterminer rapidement la fermentation, telles qu'une chaleur intense, l'humidité atmosphérique, l'influence des orages, etc.

Les échantillons, au fur et à mesure qu'ils seront extraits du cartable, seront placés dans l'intérieur de feuilles doubles du papier à préparation (*chemises*) qui seront superposées après avoir été séparées les unes des autres par cinq ou six feuilles doubles formant un mince cahier et constituant ce que les botanistes appellent un *coussin* ou *matelas*. On peut fixer les feuilles du coussin par une ou deux anses de gros fil, mais il est généralement plus avantageux de les laisser libres ; car, dans un voyage, on est souvent forcé de recourir au papier des coussins pour la préparation des récoltes ou l'emballage des échantillons secs. Il va sans dire que si l'on a beaucoup de papier à sa disposition, il y a avantage à augmenter le nombre des feuilles doubles des coussins : la préparation n'en sera que plus rapide et plus satisfaisante.

Lorsque le paquet formé par les chemises renfermant les échantillons et les coussins interposés a atteint environ le volume de une ou deux rames de papier au plus, on le comprime entre deux planchettes, au moyen de deux courroies, ou mieux, lorsqu'on est à poste fixe, en plaçant un poids ou une pierre d'une vingtaine de kilogrammes sur la planchette supérieure. — On doit éviter de soumettre les échantillons à une compression insuffisante, car ils auraient ainsi un volume trop considérable, et les parties délicates seraient exposées à se crisper; mais il faut encore, avec plus de soin, éviter de leur faire subir une compression trop forte qui les déformerait et, par l'écrasement des organes les plus importants pour l'étude, en empêcherait l'examen ultérieur. — Après environ douze heures de compression sous la presse, on doit retirer les coussins et les remplacer par des coussins secs et, autant que possible, séchés et chauffés, soit au soleil, soit à la chaleur artificielle d'un foyer ou d'un four. Pendant cette opération, on entr'ouvrira quelques-unes des chemises renfermant les échantillons, et l'on s'assurera si aucun d'eux n'offre pas de faux plis auxquels la mollesse des parties de la plante permet généralement encore de remédier; mais il ne faut pas changer les échantillons de chemise, ils doivent rester jusqu'à complète dessiccation dans celle où ils ont été primitivement placés, car si l'on procédait autrement, on les exposerait à des déformations qu'il faut soigneusement éviter.

La première disposition des échantillons dans la chemise a dû être faite avec assez de précaution pour qu'il n'y ait que peu à y retoucher, car, si elle avait été défectueuse, il serait le plus souvent impossible de la rectifier. C'est donc la *mise en papier* qui a la plus grande importance, car c'est de cette première opération que dépendra en grande partie le bon état des échantillons. Du reste, avec un peu d'habitude, et surtout si les plantes ont été placées au moment de la récolte sur les feuilles simples d'un cartable convenablement serré, on arrivera facilement à conserver aux échantillons toute l'élégance de leur port, élégance bien préférable à celle que l'on obtient à grand'peine et avec une perte de temps considérable, si l'on veut artificiellement leur donner une forme conventionnelle. — Lorsqu'on a remédié aux faux plis que les échantillons peuvent présenter après cette première compression, on met de nouveau en presse chemises et coussins. Après douze ou vingt-quatre heures au plus, on change de nouveau les coussins, et l'on continue ainsi jusqu'à dessiccation complète, en ayant soin, à chaque changement de coussins, de mettre de côté les chemises renfermant les plantes arrivées à dessiccation complète ou au moins à un tel degré de dessiccation, qu'elles ne puissent se crisper à l'air libre.

Si l'on dispose de locaux bien secs et bien aérés, à sol parqueté ou betonné, mais non carrelé, et surtout non carrelés avec des carreaux vernissés, on peut étendre pendant la nuit ou pendant quelques heures de jour les chemises renfermant les plantes, après avoir remplacé les coussins, et même, en cas d'urgence, sans changer les coussins, si on les a étendus sur le sol en même temps que les chemises. Mais, même dans les pays tempérés, où les plantes sont le moins exposées à se crisper et à fermenter, ce procédé est moins sûr que celui du changement de coussins. Dans les pays chauds et dans les campements, il est d'une application difficile et délicate, et exige une surveillance de tous les instants. Ce que l'on peut encore faire, mais cela demande un tact que l'habitude seule peut donner, c'est, lorsque les échantillons ont acquis leur forme définitive par un séjour assez prolongé dans la presse, de rassembler les chemises en minces fascicules légèrement serrés au moyen d'un ficelage en croix double, et d'exposer ces fascicules au grand air en les suspendant sur des cordes tendues horizontalement, en ayant soin de les retourner fréquemment et en vérifiant souvent si les feuilles et les parties délicates des échantillons ne se crispent pas par une dessiccation trop rapide. Après cette aération, dont la durée est nécessairement subordonnée au degré de la sécheresse atmosphérique et de la température, les fascicules sont déficelés et les chemises remises en presse entre des coussins secs. — Dans les Alpes et dans les climats tempérés secs, on peut quelquefois, surtout pour les petites plantes, supprimer les coussins si l'on a à sa disposition du papier épais et très-buvard ; mais alors il est indispensable, au moins une ou deux fois par vingt-quatre heures, d'étaler pendant quelques heures, sur le sol d'une pièce bien aérée, en prenant les précautions indiquées plus haut, les chemises renfermant les plantes. Pour les voyages dans lesquels le bagage doit être réduit en raison de l'étendue des espaces peu habités ou déserts à traverser, le voyageur botaniste se trouvera très-bien de l'usage de châssis de bois formés de barres transversales et longitudinales et surtout de châssis de fer, légers, garnis de treillage à mailles assez serrées pour permettre, au moyen de courroies, une compression suffisante sans gêner la circulation de l'air. Au moyen de ces châssis, on peut, dès que les échantillons ont été soumis assez longtemps à l'action de la presse pour leur donner leur forme définitive, les disposer sur des feuilles simples que l'on groupe par fascicules de quarante à cinquante, en partageant le fascicule par un coussin assez épais de papier non collé et très-perméable à l'humidité. Pour achever la dessiccation, il suffira d'exposer les châssis à une ventilation active en les suspendant à l'air libre et en les exposant alternativement sur leurs deux faces à la chaleur du soleil ou à celle d'un foyer. Toutes les plantes peuvent être préparées au moyen de ces châssis en prenant les précautions qui viennent d'être indiquées ; mais ce procédé de préparation sera surtout très-avantageux pour les espèces à feuilles grasses, pour les Orchidées, les Liliacées, etc., et toutes celles qui se préparent d'une manière imparfaite et très-lentement au moyen de la presse ordinaire de voyage. — Si l'on doit recourir à la chaleur d'un four, soit pour sécher les coussins, soit exceptionnellement pour achever la dessiccation des échantillons, il faut éviter de placer les paquets de papier ou les fascicules de plantes dans le four immédiatement après la cuisson du pain, car l'humidité qui s'est dégagée pendant cette cuisson imprégnerait le papier et serait une condition très-défavorable, surtout pour des échantillons déjà presque secs. — Lorsque les presses doivent être chargées sur des voitures découvertes ou des bêtes de somme, on ne doit les abriter par des bâches ou des toiles cirées que si le temps est menaçant ; si, au contraire, le ciel est pur, il faut les laisser exposées à l'air, qui, en les pénétrant de toutes parts, active beaucoup la dessiccation. — Il est surtout important d'arriver à une dessiccation rapide, quel que soit d'ailleurs le procédé adopté, pour les plantes à feuilles lisses et luisantes ou composées de nombreuses folioles se détachant facilement, comme c'est le cas pour un grand nombre d'espèces des régions tropicales ; en effet, si cette dessiccation est lente, on n'obtient guère que des échantillons fragmentaires et insuffisants pour donner une idée vraie du port de la plante. — Lorsque les tiges sont trop épaisses pour pouvoir être séchées aussi rapidement que les feuilles et pour pouvoir facilement être mises en herbier, il y a souvent avantage, comme nous l'avons déjà dit, soit à les fendre ou à les couper longitudinalement, soit à leur faire subir une forte pression sous un cylindre de bois ou une bouteille, etc. ; mais, dans ce cas, il est bon de joindre à l'échantillon un fragment de tige ou de rameau, ou au moins une rondelle que l'on aura séchée à l'air libre et qui en donnera les véritables contours. On peut agir de même pour les souches trop épaisses.

Pour obtenir une préparation irréprochable, lorsqu'on a recueilli en nombreux échantillons un certain nombre d'espèces, il est très-important de rapprocher dans la presse tous les échantillons d'une même plante : il sera bien plus facile ainsi d'en retirer les plantes au fur et à mesure de leur dessiccation, et, de plus, on aura l'avantage d'éviter les chances d'altération qui résulteraient du contact de plantes de consistance et de nature très-diverses et, par cela même, d'une durée de dessiccation bien différente. Il est de même indispensable, pour que les presses soient plus régulièrement parallélipipédiques, d'éviter de disposer du même côté les souches volumineuses des plantes ; on doit, au contraire, faire alterner les souches et les sommités de manière que la compression s'exerce horizontalement et bien d'aplomb. Lorsque les fleurs, par leurs dimensions, par leur consistance ou leur structure compliquée, ne sont pas de nature à se prêter à une préparation satisfaisante en ne les détachant pas de l'échantillon, il est indispensable d'en préparer à part, ainsi que leurs diverses parties isolées (calice, corolle, étamines, ovaire, etc.), et, dans un grand nombre de cas, il est avantageux de dessécher également à part des coupes longitudinales et horizontales des fleurs, coupes qui sont des plus utiles pour l'étude. — Lorsqu'on ne peut, en raison des conditions de voyage dans lesquelles on est placé, recueillir de nombreux échantillons d'une même espèce, on doit préparer, indépendamment des échantillons représentant le port de la plante, des sommités florifères et fructifères, ou au moins des fleurs et des fruits isolés qui serviront à l'étude des caractères sans forcer à recourir, pour les dissections, à l'échantillon complet; cette recommandation est surtout importante pour les plantes ne portant qu'une fleur ou un petit nombre de fleurs. Pour les fleurs préparées isolément, il est utile de comprimer les unes de face, les autres de côté, car on rendra ainsi les dissections nécessaires pour l'étude d'une exécution beaucoup plus facile. — Pour les plantes à corolle gamopétale de grande dimension et pour le labelle de certaines Orchidées, on emploie utilement du coton cardé que l'on interpose entre les diverses parties de la fleur afin d'en empêcher l'adhérence, qui, sans cette précaution, en rendrait ultérieurement l'examen difficile.

Les plantes grasses, la plupart des plantes bulbeuses et toutes celles dont la vie n'est pas détruite par la compression dans le papier à sécher, doivent être soumises à une opération spéciale avant d'être mises en presse. On les fait macérer pendant quelque temps dans du vinaigre, de l'alcool, ou de l'eau chargée de chlorate de potasse, pour mortifier leurs tiges et leurs feuilles et les mettre, au point de vue de la dessiccation, à peu près dans les mêmes conditions que les autres végétaux. On peut remplacer la macération en immergeant les échantillons dans l'eau bouillante, ou en les exposant pendant le temps nécessaire à la vapeur d'eau bouillante ; mais, dans l'un et l'autre procédé, il est bon de ne pas soumettre les parties florifères à ce traitement. Les échantillons ayant été déposés quelques instants sur un linge ou sur du papier non collé pour laisser égoutter le liquide qui les mouille, sont ensuite placés, comme les autres plantes, dans l'intérieur de feuilles doubles séparées par d'épais coussins, mais il est indispensable de ne pas les soumettre à une compression trop forte qui pourrait amener leur écrasement. — Après avoir été maintenues sous la presse un ou deux jours, pendant lesquels elles ont été régulièrement et fréquemment changées de coussins, les plantes grasses ou succulentes, dont la tige et les feuilles ont été tuées par la macération ou l'action de l'eau bouillante, réclament encore des soins particuliers. Les sommités florifères, qui, comme nous l'avons dit, n'ont pas été soumises au même traitement que le reste de la plante, doivent être ou séchées au moyen d'un fer chaud promené sur la chemise renfermant les échantillons, ou au moins être comprimées au moyen d'un cylindre de bois ou d'une bouteille que l'on roule sur elles pour les empêcher de continuer à végéter et de développer leurs ovaires. Si c'est ce dernier procédé que l'on adopte, les échantillons doivent, après avoir été retirés des chemises, être placés sur des feuilles simples que l'on serre fortement entre deux châssis de fer solidement reliés entre eux et que l'on soumet, soit à la chaleur solaire, si elle est suffisante, soit à la chaleur artificielle d'un foyer ou d'un four. Si l'on n'a mis qu'un petit nombre de feuilles entre les deux châssis, et si l'on a placé au centre de ce mince fascicule un coussin assez épais pour rendre la compression égale, il n'y a plus d'autre soin à prendre jusqu'à la dessiccation complète que d'exposer le plus souvent possible le châssis à la chaleur, tantôt sur une face, tantôt sur l'autre.

On peut encore préparer de la manière suivante, et ce procédé est sans contredit le meilleur toutes les fois que l'on peut le pratiquer, non-seulement les plantes grasses ou charnues, un grand nombre de Champignons à tissu mou ou spongieux, mais encore les sommités florifères ou des fleurs isolées, telles que celles des Nymphéacées, de certaines Sterculiacées, des grandes espèces d'Orchidées épiphytes, d'un grand nombre de Liliacées, Iridées, Broméliacées, etc., pour lesquelles les autres moyens de dessiccation ne donnent généralement que des résultats assez imparfaits. On place les plantes ou parties de plantes dans du sable fin, bien sec, passé à travers un tamis à mailles très-serrées, et renfermé dans une caisse de bois ou de tôle, en ayant soin de disposer le sable de manière à ne pas déformer les échantillons ; puis on expose la caisse au grand soleil, ou mieux à la chaleur d'une étuve ou d'un four, et, quand les échantillons ont perdu la plus grande partie de leur eau de végétation, on les soumet à la compression, entre les feuilles du papier à préparation, dans la presse à planchettes ou mieux dans celle à châssis de fil de fer. — Dans les pays chauds, lorsque la sécheresse de l'atmosphère et du sol le permettent, on peut obtenir quelquefois de très-bons résultats en exposant les échantillons à la chaleur solaire après les avoir placés dans une couche de sable convenablement disposée.

La plupart des Algues à texture délicate, les Characées et un grand nombre de plantes aquatiques à feuilles molles ou découpées en segments déliés, doivent être préparées sous l'eau. On les fait flotter dans l'eau dont on remplit un vase large et peu profond, tel qu'une terrine, un plat creux ou mieux un plateau de zinc, du format du papier, muni d'un rebord relevé à angle droit, et percé en dessous d'un trou muni d'un bouchon pouvant s'enlever facilement pour faire écouler le liquide dans un autre vase. On glisse sous l'échantillon un feuillet de papier blanc, un peu fort et bien collé, d'un format approprié à la grandeur de la plante, et au moyen d'une pointe mousse ou d'un pinceau on étale les rameaux ou les segments de la plante ; et lorsqu'elle a ainsi repris son port naturel, si l'on s'est servi d'un plateau muni d'un trou, on fait écouler le liquide qui laisse déposer l'échantillon sur le papier, ou, si l'on a eu recours à un vase dépourvu de trou, on retire avec précaution le papier portant l'échantillon, en évitant d'en déplacer les parties en le sortant de l'eau. On place ensuite sur ce carré de papier un autre feuillet de papier pénétré de suif, ou mieux un morceau de calicot dépourvu d'apprêt, environ de même grandeur, pour empêcher que la plante mise sous presse n'adhère au coussin qui lui sera superposé. Pour obtenir une bonne préparation, il faut changer les papiers suifés ou les morceaux de calicot, ainsi que les coussins, deux ou trois fois par jour jusqu'à dessiccation complète. Si l'on a bien opéré, l'échantillon restera intimement adhérent à la feuille de papier fort sur lequel on l'a étendu et donnera l'idée la plus vraie du port que présentait la plante dans l'eau où elle croissait. — Les Algues marines doivent être dessalées par une immersion dans l'eau douce avant d'être étendues sur le papier. Il est rare qu'un voyageur ait le temps de les préparer définitivement au moment même de leur récolte, et il peut, dans la plupart des cas, se borner à les laisser sécher à l'air libre après les avoir dessalées. Ainsi séchées, leur préparation peut être ajournée presque indéfiniment; seulement il est indispensable, pour les espèces divisées en ramifications délicates, avant de les sécher à l'air, de ne pas intriquer ces ramifications : on évitera ce grave inconvénient en les retirant de l'eau douce par leur extrémité inférieure et en les suspendant ensuite par la même extrémité sur des ficelles bien tendues. Les échantillons ainsi séchés à l'air libre seront conservés à l'abri de toute humidité, afin d'éviter de leur faire perdre leurs couleurs souvent très-vives; pour procéder à leur préparation définitive, il suffira de les ramollir par une immersion suffisamment prolongée dans l'eau douce, soit froide, soit tiède, afin qu'ils reprennent leur flexibilité, qui permettra de leur donner leur port naturel, et ensuite ils seront traités, comme nous venons de le dire pour les échantillons vivants.

Les Mousses, les Hépatiques et les Lichens ne réclament pas non plus une préparation immédiate, bien qu'elle soit toujours préférable, et s'ils sont trop secs et trop fragiles, au moment où l'on voudra les mettre en presse, il suffira, pour leur rendre leur flexibilité, de les enfermer dans un linge mouillé que l'on placera pendant le temps nécessaire dans un endroit frais, tel qu'une cave, par exemple.

Les Champignons très-charnus et ceux qui deviennent déliquescents doivent être conservés dans l'alcool, mais un certain nombre cependant peuvent être desséchés pour l'herbier, et l'on obtient des échantillons utiles de la plupart des espèces, même de celles de très-grande taille, en pratiquant convenablement des coupes verticales et horizontales de leur chapeau et de leur pédicule pour les soumettre à la dessiccation. Il est souvent avantageux, avant de les mettre en presse, de faire tremper pendant quelque temps dans de l'alcool ou dans une solution concentrée d'alun les échantillons des espèces à tissu très-mou.

Après avoir mis dans le papier les Champignons entiers ou les segments résultant de leurs coupes verticales et horizontales, on les presse d'abord assez légèrement pour en éviter l'écrasement, puis, après avoir changé plusieurs fois les coussins, on augmente graduellement la pression, jusqu'à ce qu'ils soient assez comprimés pour pouvoir être placés, avec les feuilles de papier qui les renferment, entre les châssis de fil de fer, et être ensuite exposés soit à la chaleur solaire, soit à celle d'un foyer. — On peut encore avoir recours très-avantageusement au sable chauffé, pour la préparation des échantillons d'herbier de Champignons, en procédant comme nous l'avons indiqué plus haut.

Pour les Glumacées et autres plantes d'une dessiccation facile, on peut généralement se contenter de les disposer avec soin sur des feuilles simples que l'on comprime entre des coussins épais. Souvent, si les conditions atmosphériques sont favorables, après vingt-quatre ou quarante-huit heures, on pourra réunir en paquets, médiocrement serrés, les feuilles de papier à préparation qui portent les échantillons, et la dessiccation s'achèvera sans autres soins.

Quand, en raison de leur volume, on doit détacher des fleurs ou des fruits d'un échantillon, il est très-avantageux, si l'on sait dessiner, de fixer l'échantillon sur du papier fort par des bandelettes et de figurer dans leur position naturelle les fleurs et les fruits que l'on a dû conserver ou préparer à part.

Les fruits doivent être préparés avec non moins de soin que les fleurs (et l'on ne doit pas considérer comme des fruits des ovaires imparfaitement développés). Ils doivent être pris à l'état de maturité parfaite, c'est-à-dire au moment où les graines sont sur le point de s'échapper du péricarpe. Les fruits volumineux doivent être séchés à part à l'air libre, et l'on devra accompagner les échantillons de leur coupe transversale et de leur coupe longitudinale. Une bonne préparation du fruit, indispensable dans certaines familles où il fournit les caractères essentiels, est toujours avantageuse même pour les familles où son importance est moindre; la consistance du fruit, son volume, sa déhiscence ou sa non-déhiscence, le mode de déhiscence, etc., constituent souvent des différences du premier ordre. — Un assez grand nombre de plantes dont les fruits ou les parties de fruit se détachent ou se séparent à la maturité réclament pour leur conservation des soins particuliers : ainsi les cônes de certaines Conifères, se désagrégeant facilement, doivent être entourés d'une gaze de tissu lâche cousue en sac et les enveloppant étroitement ; les cupules des Chênes doivent être, à l'état frais, transpercées d'une épingle qui traversera la base du gland et en empêchera la chute qui résulterait nécessairement du retrait produit par la dessiccation. Dans un certain nombre de cas, en entourant les fruits de fil ou de ficelle, on évitera que les valves ne se séparent et ne laissent échapper les graines.

La maturité des graines est aussi des plus importantes pour leur étude, et, avant de les joindre aux échantillons, il est bon de s'assurer, par l'examen à la loupe d'un certain nombre d'entre elles coupées longitudinalement et transversalement avec un rasoir, si leur embryon est complétement formé. Cet examen est souvent difficile en voyage pour les petites graines : aussi, dans la plupart des cas, peut-on se borner à les projeter d'une certaine hauteur sur une feuille de papier collé ; si elles rebondissent, c'est un indice à peu près certain de leur maturité.

Il est très-avantageux de conserver dans l'alcool des sommités florifères ou fructifères, ou au moins des fleurs et des fruits isolés, toutes les fois que ces parties sont de nature à être trop déformées par la préparation pour pouvoir ensuite être facilement étudiées. Ces parties doivent être enfermées dans des cornets de papier résistant, liés aux deux extrémités avec du gros fil, et sur lesquels on inscrit au crayon de mine de plomb un chiffre très-lisible reproduisant le numéro d'ordre des étiquettes accompagnant les échantillons d'herbier. Ces cornets permettent de réunir dans un même flacon d'alcool des fragments d'un assez grand nombre d'espèces, sans danger de confusion, et les préservent en même temps des détériorations qui pourraient résulter de l'agitation du liquide dans les transports.

VII. — Emballage et expédition des collections.

Lorsque les échantillons d'herbier sont assez secs pour ne plus se crisper, il suffit de laisser les feuilles qui les renferment exposées à l'air libre, après les avoir superposées par minces fascicules non serrés. Cette aération enlèvera toute humidité, et les échantillons pourront ensuite être retirés des chemises et disposés sur des feuilles simples qui prennent moins de place dans les emballages et permettent de ménager la provision de papier et de diminuer le poids des paquets. Si l'on a recueilli plusieurs échantillons d'une même espèce, à la même localité et à la même date, il est important de grouper les feuilles simples qui les portent dans une même chemise, munie d'une étiquette qui s'appliquera à l'ensemble. Il va sans dire que dans l'emballage, de même que dans la préparation, il faut éviter, en formant les paquets, de superposer des plantes de consistance et de volume trop différents, car, sans cette précaution, on s'exposerait soit à briser les petites plantes, soit les parties délicates des grandes plantes.

Autant que possible, on devra réunir en paquets isolés, portant extérieurement l'indication de la localité, toutes les plantes recueillies à un même endroit et à peu près à la même date. On aura ainsi le moyen d'éviter les erreurs qui pourraient résulter plus tard de transpositions d'étiquettes.

Dans les pays lointains, si l'on doit faire des envois successifs de ses récoltes, il est prudent de conserver avec soi la série complète de toutes les plantes recueillies, représentées par un ou deux échantillons seulement ; on évitera ainsi de compromettre l'ensemble des matériaux réunis en en confiant la totalité aux chances d'une même traversée. Les étiquettes et les notes de cette série devront être la reproduction exacte de celles qui accompagnent la masse des récoltes et porter les mêmes numéros d'ordre. D'une manière générale, on ne saurait trop recommander au voyageur de prendre les plus grandes précautions pour l'emballage et l'expédition de ses collections, alors même que, les transportant avec lui, il peut les surveiller de manière à mieux en assurer la conservation.

Chaque paquet devra être entouré de papier goudronné après avoir toutefois mis temporairement à l'abri de l'atteinte des insectes les échantillons qu'il contient, soit par une aspersion de benzine ou d'acide phénique, soit par une insufflation de poudre insecticide. Si quelques-unes des plantes qui composent un paquet sont de nature à être compromises prochainement par l'éclosion des œufs que les insectes ont pu y déposer pendant la vie de la plante, ces précautions ne suffisent pas, et l'on ne pourra soustraire temporairement les échantillons à cette cause de déterioration ou de destruction qu'en les plongeant dans du vinaigre ou une légère solution alcoolique de bichlorure de mercure (25 à 35 grammes par litre).

Les caisses dans lesquelles on renfermera les paquets devront être garnies à l'intérieur de papier goudronné, et pour les longues traversées être entourées à l'extérieur de toile goudronnée appliquée à chaud. Il est quelquefois possible, dans de grands centres commerciaux, de se procurer des caisses doublées de zinc ou de fer-blanc qui ont servi au transport d'objets qui craignent l'humidité. Ces caisses, convenablement réparées et soigneusement scellées par de nouvelles soudures, sont très-propres à assurer la conservation des collections botaniques et à les préserver de toute humidité.

Les sachets renfermant les graines doivent, toutes les fois qu'on le pourra, être placés dans de petites boîtes de fer-blanc dont le couvercle sera soudé ; on évitera ainsi l'influence de l'air et de l'humidité sur les graines et l'on empêchera les insectes de les attaquer. — Pour éviter dans le transport le ballottement qui pourrait à la longue altérer les graines, il est bon de remplir tous les vides qui existent entre les sachets avec du sable fin, tamisé et très-sec.

Il faut placer dans des caisses spéciales les flacons consacrés à la conservation dans l'alcool ou dans tout autre liquide des parties de plantes les plus délicates, des fruits, etc. Car, malgré tout le soin que l'on pourra apporter à leur emballage, il serait à craindre qu'un ou plusieurs de ces flacons, en se brisant, ne compromissent le contenu d'une caisse. Il est presque superflu de dire que les bocaux ou flacons doivent être protégés contre les chocs par une épaisse couche de filasse ou par des Algues ou des Mousses desséchées. — On doit éviter également de placer dans les caisses consacrées aux plantes sèches des fruits charnus, des boutures de plantes grasses ou des Algues séchées à l'air libre, car on y introduirait ainsi de l'humidité ou des éléments hygrométriques qui détermineraient la fermentation et la moisissure.

Nous nous sommes appliqué à réunir dans cet article toutes les indications qui peuvent guider un voyageur dans une exploration botanique; nous en avons emprunté aux ouvrages les plus estimés les éléments principaux, en les complétant par les données que nous a fournies notre expérience personnelle; mais nous ne saurions trop engager à lire ces ouvrages, dont nous donnons ci-dessous la liste, et dans lesquels se trouvent exposées d'une manière plus complète les instructions dont notre travail n'est guère que le résumé.

HUMBOLDT et BONPLAND, Essai sur la géographie des plantes, accompagné d'un tableau physique des régions équinoxiales, fondé sur des mesures exécutées depuis le 10e degré de latitude boréale jusqu'au 10e degré de latitude australe, pendant les années 1799-1803. Paris, in-4°, 1805.

Instructions sur les recherches qui pourraient être faites dans les colonies, sur les objets qu'il serait possible d'y recueillir et sur la manière de les conserver et de les transporter. — Ces instructions ont paru dans les *Mémoires du Muséum*, t. IV, in-4°, 1818. (Il en a été fait un tirage à part.)

Instructions pour les voyageurs et pour les employés dans les colonies, sur la manière de recueillir, de conserver et d'envoyer les objets d'histoire naturelle, rédigées par l'administration du Muséum d'histoire naturelle.

A.-P. DE CANDOLLE, Essai élémentaire de Géographie botanique, publié dans le 18e volume du *Dictionnaire des sciences naturelles*, pp. 359-437, in-8°, 1820. (Il a été fait un tirage à part de cette publication.)

— Instruction pratique sur les collections botaniques, in-8°, 1821, publiée dans la *Bibliothèque universelle* de Genève et tirée à part.

H. LECOQ, De la préparation des herbiers pour l'étude de la botanique, in-8°, 1829.

ADR. DE JUSSIEU, Géographie botanique. — Cet important article a paru dans le *Dictionnaire universel d'histoire naturelle*. (Il en a été fait un tirage à part.)

— Cours élémentaire d'histoire naturelle, Botanique (voyez spécialement les Notions sur la Géographie botanique), in-12, 1848. (Il en a depuis paru plusieurs éditions.)

GERMAIN DE SAINT-PIERRE, Guide du botaniste, ou Conseils pratiques sur l'étude de la Botanique, etc., in-12, 1851.

— Nouveau Dictionnaire de Botanique, in-8°, 1870. (Voyez particulièrement les articles *Herbier* et *Herborisations*.)

ALPH. DE CANDOLLE, Géographie botanique raisonnée, ou Exposition des faits principaux et des lois concernant la géographie botanique des plantes de l'époque actuelle, 2 vol. in-8°, 1855. (Voyez particulièrement l'article intitulé : *Des caractères qui distinguent la végétation d'une contrée*. Cet article a paru antérieurement dans la *Bibliothèque universelle* de Genève, décembre 1854, et a été tiré à part.)

ACH. RICHARD, Nouveaux Éléments de Botanique, 10e édition augmentée de notes par MM. Ch. Martins et J. de Seynes, in-12, 1870. (Voyez spécialement l'article consacré à la Géographie botanique.)

B. VERLOT, Le Guide du botaniste herborisant, Conseils sur la récolte des plantes, la préparation des herbiers, l'exploration des stations de plantes phanérogames et cryptogames et les herborisations, in-12, 1865.

P. DUCHARTRE, Éléments de botanique, in-8°, 1867. (Voyez particulièrement l'article intitulé : Préparation des plantes et Herbiers, pages 781-791.)

PARIS. — IMPRIMERIE DE E. MARTINET, RUE MIGNON, 2.

PARIS. — IMPRIMERIE DE E. MARTINET, RUE MIGNON, 2

www.ingramcontent.com/pod-product-compliance
Ingram Content Group UK Ltd.
Pitfield, Milton Keynes, MK11 3LW, UK
UKHW020518230726
13925UKWH00005B/2190